# これからを生きるあなたへ

## 聖書の知恵 箴言31日

小林よう子

日本キリスト教団出版局

聖句の引用には、『聖書　聖書協会共同訳』（日本聖書協会）を使用しています。

# はじめに

『箴言』。こんな名前の書物が聖書にあることを知らない人も多いかもしれません。多分、「しんげん」と読めなかったでしょう。それは今から２０００年から３０００年も前に、聖書が書かれた時代の人たちがこれからを生きる若い人たちに伝えたいことを記した言葉です。ずいぶん昔の話ですね。ところが、今の皆さんが読んでもおもしろいと感じ、考えさせられるものがたくさんあるのです。こんなに時代が変わっても、生きる地域や文化が違っても、わたしたちに刺さってくる言葉があるなんて、人間は不思議だなと感じます。

ここにまとめられている言葉の多くは「格言」として作られたものです。格言は、人生経験を踏まえた教訓を簡潔に表現した言葉で、若い人への教育の場面で用いられます。『箴言』に含まれている格言には、背景に神への信仰がありますが、現実をしぶとく賢く生き抜くための知恵が記されていて、聖書の他の書物とはかなり雰囲気が違っています。

# はじめに

たとえば「偽《いつわ》る者はいさかいを起こし／陰口《かげぐち》は友情を裂く」（16章28節）などは辛《しん》辣《らつ》ですが、「確かに！」と言いたくなりますし、「屋根の片隅に座っていることは／いさかい好きな妻と一緒に家にいることにまさる」（21章9節）というのも、皮肉をつぶやく人の顔が浮かんできそうです。聖書にはこんな面もある、ということをぜひ、知ってもらいたい。そして、ここに記された言葉を味わいながら、自分の生き方についてもヒントにしてもらえたらすてきだなと思ってこの本を書くことになりました。

『箴言』全31章にはたくさんの格言が散りばめられています。毎日1つずつ読み進めてもらい1カ月で読み終えてもらえるよう、各章から言葉を1つずつ選んで書くことにしました。ところが、パッとみて「おもしろそう」と思った言葉について書こうとすると、これがなかなか手ごわいということがわかってきました。『箴言』は、父が子に思いを込めて諭《さと》す言葉としてまとめられています。家族をきちんとまとめ、仕事をこなし、責任を持って子どもたちに向き合う、そんな父親が目に浮かびます。親が子に、生き方や人生で大事にしてほしいことについて、切々と訴えようとしているのです。

けれども、『箴言』が書かれた大昔の「父と子（はっきり言って、息子です）」は、やはり今のわたしの捉え方では歯が立たないということがわかってきたのです。何と言っても、厳格な家父長制（家長である父親が、家族を支配する絶対的な権限を持つ形態）の時代に、それをしっかり継いでいく「子」に向けて語られる言葉ですから、どうしても「偉そう」に聞こえてしまうのです。

おもしろそうと思っていたのに、このままでは何だか素直に読めなくなってしまいます。でも、それではもったいない。そこで、『箴言』は今のわたしたちとはかなり隔たった時代と地域、文化の中で生まれた書物だということをきちんと踏まえて読む必要があるということですね。それでもなお、わたしたちにしっかり訴えてくる大事なメッセージや、人間っておもしろいなと思えるユーモアがここにはあります。

『箴言』がまとめられたときに想定された父親は、一見厳格でまじめ一筋に見えながら、実際には現実の良いことも悪いこともたくさん経験してきた人だけあって、意外と発想が自由で柔軟さを持ち合わせているようなのです。そこで、言葉を選ぶときに、以下の点を考慮することにしました。

まず、基盤にある家父長制については注意して読みたいと思いました。上の人の権威には従わなければならない、従って当然、という前提にある言葉は除くことにしました。また、『箴言』では親として決して母が排除されているわけではありません。それは「子よ、父の諭《さと》しを聞け。母の教えをおろそかにするな」（1章8節）などでわかります。けれども女性や妻についての言葉には、今読むのが耐え難い（つまり、腹が立ってしまうような）ものが非常に多く、このようなものはあえて選ばないことにしました。

さあ、『箴言』が、これからを生きる若い人たちに伝えようとしてきた言葉の数々をのぞきに出かけましょう。厳しい言葉の裏に、思いがけないお茶目さやユーモア、そして時にはその語り部の苦労が見えてきますよ。

小林よう子

# 目次

目次

装丁・本文デザイン　デザインコンビビア（田島未久歩）

# 『箴言』とは

## 1　聖書の中の『箴言』

聖書は前半の分厚い「旧約」と後半の「新約」に分かれています。前半を「旧約」と呼んでいるのは実はキリスト教の人たちで、最近は「ヘブライ語聖書」と呼ばれるようになってきました。

キリスト教で救い主と信じられているイエスは、ユダヤ人でした。ヘブライ語聖書が記すのは、ユダヤ人が神の民イスラエルとして、神とどのように関わってきたかという記録です。それは大きく3つの部分に分けられていて、イスラエルの民の歩みを記した歴史の記録を「律法」、その歴史の中で語られた預言者の言葉をまとめたものを「預言者」、それ以外の詩や文学、格言などの文書を「諸書」と呼びます。『箴言』は「諸書」に分類され、『コヘレトの言葉』、『ヨブ記』と同じ「知恵文学」として扱われます。

『箴言』の「箴」という字は、先の尖った鋭い「針」とも通じる意味を持っています。つまり、「箴言」は、「針で刺すようにちくっと人を刺すような気の利いた短い言葉」のことです。そして、確かに『箴言』の中にはそんな言葉も含まれていますが、そればかりではありません。日本語の『箴言』という書名は、実はあまりピッタリしているとはいえないようです。でも、先に翻訳された中国語訳の聖書が「箴言」となっていて、そのまま日本語訳でも踏襲されてきたという歴史があります。

本来のヘブライ語の書名「ミシュレー」は、「ことわざ」「格言」「比喩」「たとえ話」「教訓」など、さまざまな意味を持ち、一言で表す日本語を見つけるのは簡単ではなさそうです。『箴言』に含まれているのは一見、民衆が口伝えで用いる「ことわざ」のようです。「早起きは三文の得」とか「能ある鷹は爪を隠す」のような。けれども、その多くは「ことわざ」よりも長く、洗練された言葉で、人生の教訓を短い言葉にまとめた「格言」です。しかも、教育に使うための教材として作られた格言がまとめられたと考えられています。一体どういう人たちを教育するためのものだったのでしょう

## 2 編集された背景

『箴言』が扱っている「知恵」は、人が現実世界を生きていくうえで、さまざまな問題や困難に出会ったとき、どのように対処し、解決して賢く生きていくかという実践的な能力です。何かが起こったとき、適切に行動する能力が「知恵」といわれます。それは、職人たちが持っている職業上の技能にも通じるような能力です。けれどもここでは、地位の高い人と一緒になるときの振る舞い方や、社会的な困難への対応といったことが多く扱われています。つまり、ここにある格言を学ぶ必要があったのは、古代イスラエルで国の政治や行政を担う

官僚を目指すような人々だったと考えられているのです。

神に選ばれ、導かれてきた民イスラエルは、ダビデ王の時代にイスラエル王国を築きました。ダビデの次のソロモン王の時代になると、国として安定してきます。すると、国を支える官僚の役割を担う人材が多く必要とされるようになりました。そのような人材を教育する場で、教師たちによって格言が教材として作られ、まとめられ始めたようです。その後、王国時代の後期には、教育の仕組みはずいぶん制度としても整えられていったでしょう。同時に、国の存続が危ぶまれるような時代になってくると預言者たちが活躍し、神への信仰が問われるようになります。すると、現実を生きるうえでの能力を求めるだけでなく、「知恵」の考え方が深められていきました。神への信仰に照らしてどのように生きるべきかを考えるようになっていったのです。

『箴言』の中には、因果応報的な言葉がたくさんあります。賢い知恵を持って生きる人は幸福になり、愚かな者は破滅に向かう、と言い切るような言葉です。けれども、すべてがそうではないところが『箴言』の興味深いところだと思います。それは、バビロニアによって首都エルサレムが陥落し、国を失って囚われの身となる中で、現実を生きる「知恵」を神への信仰によって捉え直し、深める必要に迫られたためではないかと考えられています。

そして、『箴言』の編集は、捕囚から解放されるペルシア時代になってほぼ完成したのではないかといわれています。そのころには、ユダヤ人としての教育が、会堂と呼ばれるシナゴーグで行われるようになっていました。それは官僚になる人材を育てる教育ではなく、聖書を学び、ユダヤ人として神を信じて生きるための教育に変わっていたのです。

## 3　賢い人と愚かな者

『箴言』でいわれる「知恵」がある人とは、困難に適切に対処し行動できる人であり、そういう人が「賢い人」と呼ばれます。また「正しい人」とも呼ばれます。そういう人の生きる道は富や名誉、祝福、喜び、満足、成功、繁栄などと結びつきます。

それに対して「悪しき者」は、暴虐や罪、恐怖、死と破滅に向かいます。特に悪くいわれるのが「愚かな者」です。彼らは感情のままに生き、諭《さと》しを受け入れず、おしゃべりで自制心がありません。

ところが、「賢い人」が必ず幸せや成功をつかみ、「愚かな者」が不幸になるだけなら、成功者は賢く正しい人で、失敗する者は愚かな悪しき者ということになってしまいます。けれども現実は決してそんな単純なものではありませんよね。

『箴言』は、いくら賢くても「高慢な者」になってはいけないと戒めます。高ぶり、傲慢《ごうまん》になってしまうのは「愚かな者」になることだと繰り返し語ります。知恵がある人は、その知恵によって物事が単純には計れないことを認識するのです。知恵は限界があるということを知ったとき、そこで神と出会うといえるのかもしれません。神は公平であるという信頼からすべては始まります。「主を畏《おそ》れることは知識の初め」なのです。

## 主を畏《おそ》れることは知識の初め。

（箴言1章7節）

２歳の子どもほど、危険な存在はないと思います。どんどんできることが増えていきます。立って歩き始めたばかりの１歳とは違って、しっかり歩けるだけではなく、走れるし、階段も上り下りできます。高いところでも這《は》い上がれるし、行きたいと思えばどこにでも飛んでいきます。これは何かな、と思ったらすぐに手が出ます。小さいものだったら握れるし、投げることもできます。食べ物ではなくても口に入れるし、嫌だと思えば放り出します。

けれども、２歳の子どもは何も知りません。湯気が上がっているポットに触りたくなるし、回っている扇風機がどうなっているのか知りたくて指を突っ込みたくなります。危ないです！　でもまだ言葉がわからないので「触っちゃだめ」も「待っていてね」も通じません。すべてを自分で確かめたくて、好奇心ではち切れそうになっているのです。世界は知らないものでいっぱいで、おもしろくてたまらないのです。こんな2歳の子どもからは、目が離せないですね。ひとつずつ経験させながら、できることとできないこと、どこまでが安全で、何が危険かを教えていかなければならないのです。

では、大人だったらどうでしょう？　「主を畏れる」ことを知っていなければならないと『箴言』は、教えます。「恐れる」ではありません。世界を創造されたのは主なる神であること、わたしたちも神に造られた存在であることをしっかり覚えておくこと。人間には理解できないことがあり、決してできないことがあると知ることです。そういう限界を知っていてこそ、生きていくうえでの本当の知識が持てると、2歳の子どもを見ていて思うのです。

**その時、あなたは見極められるようになる**
**正義と公正と公平が**
**幸いに至る唯一の道のりであることを。**

（箴言2章9節）

あなたにとって、幸せとは何でしょう？　人によって、どんなときに幸せだと感じるかは、きっとずいぶん違うでしょう。そして、その幸せをどのように実現しようとするかも、それぞれ違うと思います。そして、それでいいと思うのです。ただ生きていてよかったと思えること、生きていることを喜べるとき、人は幸いだと感じるのではないでしょうか？

聖書の神は、この世界すべての造り主です。すべての命を生み出された神は、ご自分が生み出した命が精いっぱい生きられることを願っておられます。それはつまり、わたしたちが幸せになることを願っておられるということではないでしょうか？　でも、聖書には、こうすれば幸せになれる、というような具体的なことはあまり記されていないように思います。これが幸いだ、という正解はないのだといえるでしょう。それよりも、聖書が伝えようとしているのは、何を目指して生きていくかということです。

船は目的地を目指して航海しますが、夜の海には目印になるものは何もありません。そんな中で航路を見失ってしまった船はどうすればいいでしょう？　自分の灯《あか》りを消して、真っ暗闇の中で灯台の灯りを探すのです。灯台の灯りが見えたら、もう大丈夫！　あとはただひたすら、その灯りを目指して進めばいいのです。

神がわたしたちに求めるのはどういう生き方でしょう？　神がこの世界に求めてやまないものがあります。それが「正義と公正と公平」です。これを求め、目指して生きる道、それが、わたしたちが幸せになる道だと『箴言』は語っています。

**心を尽くして主に信頼し**
**自分の分別には頼るな。**

（箴言3章5節）

いきなり「自分の分別には頼るな」と言われたら、ムッとしてしまいますよね。自分の判断に頼るかわりに、「精いっぱい心で神さまを信じなさい」と言われることにも抵抗を感じるでしょう。神さまが何を考えておられるのか、なかなかわからないのですから。でも、ちょっと見方を変えてみたら、おもしろいことに気がつきました。

わたしは関西の出身なので、「梅田」といえば、大阪なんだとすぐわかります。「十三」は「じゅうそう」と読むことも、ＪＲの天王寺駅は近鉄の阿部野橋駅だということも知っています。他の地方の人には、初めて聞くことばかりでさっぱりわからないでしょう。ところが大阪に行くとなったら、こういうことがわからないと、自分がどこにいるかもわからなくなって右往左往することになります（今はスマートフォンなど便利なツールがいろいろありますが）。では、どうするか？　行く前に関西に詳しい人に教えてもらっておけば安心です。行きたいところにどうやって行けばいいのか、何に気をつければいいのか、迷ったときにはどうすればいいか？

こういうことは、何でも同じです。初めてやることは経験者に聞くのがいちばん。しかも、何度も経験しているベテランなら間違いなしです。場所についてなら、長年そこに住んでいた人がベストです。では、人生を生きていくうえでの判断について、いちばん頼りになるのは誰でしょう？　そうです。主なる神は、この世界のすべてを創造された方です。わたしを生み出し、わたしに生きる場所を与えてくださいました。迷ったときには、心を神さまに向けて考えてみるのがいちばんのようです。

守るべきものすべてにも増して
あなたの心を保て。
命はそこから来る。
（箴言4章23節）

大きなイベントの演出を任されたアーティストが、突然辞任して話題になったことがあります。国際的なイベントだったので、その演出を担当すれば世界中から注目されたでしょう。出演者や音楽、衣装や舞台装置などの担当者も一流の人たちばかりでした。もちろん、報酬も大きかったはずです。それなのに辞任したのは、そのイベントが目指すものと、アーティストの表現したかったことが食い違っていることが明らかになったからでした。

自分が本当に表現したいことではない仕事をし続けるわけにはいかないという理

由で降りたのです。一時はそのことで騒がれましたが、その後イベントは別の人が担当して予定どおり行われました。そして、辞めたアーティストの評判も傷つくことはありませんでした。その人は、その人らしい表現を追求して、その仕事もちゃんと評価され続けています。

守るべきものは名誉でも評判でも報酬でもなく、本当に自分が大事だと思うこと。その気持ちを曲げないこと。そうすれば、生きる道はつながっていくのだということを思わされた出来事でした。でも、こういう場合、誰でもそういう判断ができるでしょうか？　案外難しいかもしれないと思いませんか？

生きていくうえで、守るべきものはいろいろあります。大人になれば、そして社会に出ていけば、守るべきものは増えていくかもしれません。けれどもその中でいちばん大事にしなければならないのは、自分の心。そこにごまかしやうそがあってはいけないのです。なぜなら命、わたしたちが本当に喜んで生きていくための力は、そこから来るからです。

**人の道は主の目の正面にある。主はその道のりのすべてに気を配っておられる。**

（箴言5章21節）

一人暮らしの高齢の女性がいました。小さな一軒家に住んでつつましく暮らしていました。歳をとり、それなりにゆっくりとしか動けなくなりましたが、生活に特に支障を感じることなく、穏やかな毎日を送っていました。ただ、あるときからゴミ出しが負担だと感じるようになりました。特に困ったのが、月に２回の古新聞を出す日です。彼女は新聞を読むのが楽しみなので、購読をやめることは思いもしませんでしたが、たまった新聞を出しに行くのが重くて大変になってきたのです。２週間分の新聞をくくって玄関から出ると、自分でもよろよろしているのがわかるのです。

ところがある日、重い古新聞の束を持って玄関を開けたところ、見知らぬ若い男性が家の前に立っていました。「おはようございます。僕も新聞出しに行くんで、あなたの分も一緒に持って行きますよ！」「まあ、どちらさんですか」と彼女は聞きました。「すみません、『初めまして』ですね。２カ月ほど前に斜め向かいに引っ越してきた者です。新聞を出しに行く日に、いつも大変そうなのが気になっていたんですよ。これからは家の前に出して置いてくれたら、僕が持って行きますよ」。男性はほがらかに言いました。彼女が知らないうちに、困っている様子を見ていた人がいて、助けの手を差し伸べてくれたのです。

わたしたちの人生の歩みは、すべて神の目に見守られています。それも、「主の目の正面にある」といわれていますね。良くも悪くも隠しようがないということです。でもそれは、過ちを指摘するためではなく、良い歩みがなされるようにと配慮するためなのです。何だかうれしくなりませんか？

**怠《なま》け者よ、蟻《あり》のところに行け。**
**その道を見て、知恵を得よ。**

（箴言6章6節）

幼かったころ、地面を動き回っている蟻に夢中になったことがありませんでしたか？　何にもないように見える地面でも、思わずその動きを追いかけてみたくなりますよね。すると、1匹だけでなく、他にもたくさんいるのが見えてきます。しかも、てんでばらばらに動いているのでなく、同じ方向を目指していたり、力を合わせて何かを運んでいたりします。大変な数の蟻がゾロゾロと行列して、地面に黒い筋のようになっているのもきっと見たことがあるでしょう。その先に、虫の死骸が転がっていたりすると、なるほどと納得できたりします。ときには台所に続いていてゾッとすることもあります！

今から何千年も前の『箴言』の作者も、こんな蟻に見惚《みほ》れたことがあったようです。そして、「蟻のところに行け」と勧めているのです。おもしろいですね。蟻を見て学ぶように勧められているのは「怠け者」です。蟻のどんなところを学ぶように期待されているのかは、書かれていません。ただ、蟻の道を見て「知恵を得よ」といわれています。蟻の道に、一体どんな知恵があるのでしょう。

大人になっても蟻の動きをじっくり見ると、教えられることがたくさんありそうです。わたしたち人間だけではなく、蟻のような小さな存在も、１匹１匹、神から与えられた命を精いっぱい生きています。蟻は１匹では生きられません。とんでもなくたくさんの蟻が一緒に生活しています。そんな蟻たちは、どんな生き方をしているのでしょう。自然の中を生かされている蟻の持つ知恵を学ぶために、見に行きたくなりますね。

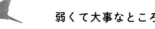

# 私の教えを目の瞳のように守れ。

（箴言7章2節）

目の瞳は、言うまでもなく、体の中でもとても重要なところです。わたしたちは、瞳でものを見ます。外の世界を認識するための窓が瞳です。同時に、瞳はわたしたちの心の内を映し出す役割も持っています。悲しみや喜びは、瞳に現れ、その人の心がどのようであるかを伝えるのです。

でも、瞳は大事なところであると同時に、とても弱い部分でもあるのです。たとえば敵がどんなに力が強く、大きな存在であっても、瞳だけは弱いのです。腕力では負けていても、瞳だけ狙って打撃を与えることができたら、相手は何もできなくなってしまいます。瞳は、ほんの小さな攻撃にも耐えることができないほど、繊細で傷つきやすいのです。瞳はそういう意味でもとても重要なところなのです。

子を諭《さと》す親は、子を思って大事な言葉を語ります。語り聞かせるだけでなく、子どもがその教えに立って生きていくようにと、切実に願っています。ただのお題目にしてほしくないのです。そこで、教えは目の瞳にたとえられます。生きていくうえで重要なものとして、守ってほしいのです。教えを守る子の生き方は、親の生き方を映し出すことになるでしょう。

親が語り、子に伝えようとしている教えは、重要であるだけではありません。それはとても繊細で弱いのです。なぜならそれは、目に見えない言葉でしかないからです。忘れられてしまったらおしまいです。また、少しでも曲げて理解されてしまえば、本来の意味を失ってしまいます。しっかり心に刻んで守られなければならないのです。

**主を畏《おそ》れることは悪を憎むこと。**
**高ぶり、高慢、悪の道**
**そして偽《いつわ》りを語る口を、私は憎む。**

（箴言8章13節）

わたしが高校生だったとき、所属していた運動部にとてもかっこいい先輩がいました。何がかっこよかったかというと、言い訳をしない潔《いさぎよ》さです。クラブの集合時間に遅れても、試合でミスをしても、他にみんながいろいろ言い訳をする中にあって、何も言わずに自分の非をきっぱり認めて次に向かうのです。そして必ず良い結果を残しました。かっこいいと思うだけでなく、自分もそんなふうになりたいなと憧れたものです。

わたしたちは、すごいなと思う存在に出会ったとき、感心するだけでなく、その

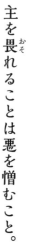

すばらしさに自分も倣《なら》いたいという気持ちを持つことがあると思いませんか？　そんな憧れの気持ちはきっと、わたしたちを人間的に高め、成長させる力があると思うのです。

「畏れる」という言葉は、今は普通にはほとんど使いませんが、自分よりもずっと大きな存在があると認識することです。自分にはかなわないものがあると知ることです。「主を畏れること」は、世界を創造し、すべてを知る神がおられると知って生きることです。それは、「悪を憎むこと」に通じるのだと『箴言』はいいます。

その「悪」というのは、単に「悪いことをする」ということではありません。具体的に「高ぶり、高慢、悪の道」「偽りを語る口」とあります。「高ぶり、高慢」とは、自分がいちばん偉くなってしまうことですね。「主を畏れる」のとは正反対の姿勢です。謙虚さがないと、自己中心的になって、神が創造された世界を傷つけても顧みることをしないでしょう。その結果、語ることは偽りになってしまうのです。

創造主を畏れるところに立ち続けたいと思います。

**嘲《あざけ》る者を懲《こ》らしめるな、彼に憎まれないために。**
**知恵ある人を叱れ、彼はあなたを愛するであろう。**

（箴言9章8節）

人から嘲りの言葉を浴びせかけられたら、黙っていられませんよね。何とかして相手を黙らせようと思うでしょう。ところが、『箴言』は、「嘲る者」を放っておけというのです。その理由がまた、振るっています。「彼に憎まれないために」です。憎まれたらどうなるでしょうか？

懲らしめたわたしが、ますます嘲られることになるのです。嘲る者は、ますますにぎやかに忙しくなります。そして、さらに憎まれるようになってしまえば、あなたがどんなことを言っても何も聞いてくれなくなるでしょう。関係が断たれてしま

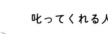

うのですから。それよりは、聞きたくない言葉を聞かされても、黙ってやり過ごしていたほうがいいのかもしれません。どっちにしても、わたしたちは他人を変えることはできないのですから。

ところが一方で、叱ったほうがいい人がいる、と『箴言』はいいます。それは何と、「知恵ある人」です。「知恵ある人」は愚かなことは口にしないので、叱る必要はほとんどないでしょう。でも、いくら知恵がある人でも絶対に失敗しないということはないはずです。よく考える人でも間違うことはあるし、うまく考えられないときだってあります。知恵のある人は自分の間違いを指摘されたら、それを非難ではなく意見として受け取り、自分を顧みて考え直そうとするのです。叱られることは非難されることではなく、間違った一部分を指摘されていることだとわかるのです。知恵ある人とは、そういう人です。彼らは、指摘されたことを心から感謝します。叱ってくれた人を愛するのです。そんなことがあるんですね。

さて、自分はどっちかな?

# 言葉数が多いときには背きを避けられず
# 唇を制すれば悟りを得る。

（箴言10章19節）

人と話しているときにふと間が空いてしまうと、何だか気まずく感じることはないですか？　何か話の接ぎ穂を見つけようとして気ばかり焦るのに、そんなときに限って何も思いつけなかったりします。友達同士で話しているときもそうだし、初対面で何を話していいかよくわからない人が相手の場合は、なおさら困ってしまいます。わたしたちは沈黙が苦手なのかもしれないなあと思います。お互いに黙っている時間に耐えることができないというか、語られる言葉がない空白の時間が、なぜか居心地悪いのです。

## 10 月刊行予定

**POSTCARD BOOK　森のなかまたち**

池谷陽子 絵

**1冊でわかる聖書66巻＋旧約続編**

小友 聡／木原桂二

### 読者の声 愛読者はがきのコメントより

## 悲しみよありがとう

### まばたきの詩人 兄・水野源三の贈り物

林 久子 文　水野源三 詩　小林 惠 写真

●A5判変型 並製・80頁・定価1,320円《2020年10月刊》

◉源三さんのことは少しだけ知っていましたが、こんなに家族に愛されて生涯をすごされた方であったとはじめて知りました。支えられたお一人の林久子さんのまっすぐな言葉、文章に感動しました。胸が熱くなりました。家族愛の大切さをしみじみ感じました。

◉水野源三さんを囲むご家族のあたたかさがじんわりと広がり、感動につつまれ、何度も読み返しています。ピュアな信仰は源三さんのお人柄か、こうありたいと思います。そばに置いていつでも開きたい本です。

◉本を開くと源三さんのやさしい笑顔が写され、大きく見開かれた眼からことばがつむぎ出されていたことが深く伝わってきました。そのことばに寄り添うように写されていた写真の数々もとてもよかったです。涙があふれた本でした。

日本キリスト教団出版局

# 新刊案内

## 2023.9

『沈黙』『深い河』『侍』など、心に響く珠玉のことばが、いまよみがえる

## 遠藤周作366のことば

最新刊！

**山根道公** 監修

今なお多くの読者を魅了する作家・遠藤周作。長年遠藤文学を研究してきた山根道公氏監修のもと、一年を通してそのことばに触れることができるよう、文学やエッセイから366の珠玉のことばを厳選して収録。美しいイラストもちりばめられ、プレゼントに最適な一冊。

●四六判 並製・160頁・定価1,980円《9月刊》

【好評発売中】『三浦綾子366のことば』 森下辰衛＝監修　松下光雄＝監修協力　定価1,650円

〒169-0051 東京都新宿区西早稲田 2-3-18
TEL.03-3204-0422　FAX.03-3204-0457
振替 00180-0-145610　呈・図書目録
https://bp-uccj.jp
(ホームページからのご注文も承っております)
E-mail　eigyou@bp.uccj.or.jp
【表示価格は消費税 10%込みです】

でも一方では、沈黙しているのが不安でしゃべり続けることも、なかなかしんどいものです。言わなくてもいいことまで言ってしまったり、それを埋め合わせようとして、かえって目も当てられないことになってしまったり。

それで、あるときふと気づいたのです。黙っているときは、考えているときです。どうして考えるのを待ってあげられないのかな、と。話の最中に間が空いてしまったときは、きっと、考え始めているのです。それなら、邪魔をしないで待っていたほうがいいんじゃないかな、と。もうひとつ、気づいたことがあります。本当は言いたいことがあるけれど、相手がきちんと聞いてくれるかどうかが不安で言うのをためらっているのかもしれない。こちらが黙ることは「言ってくれるのを待っているよ」と伝えることにもなるのです。

あんまりしゃべりすぎると、うそまで言ってしまうこともある。しゃべりすぎないように自制ができると、ちゃんと物事を考えられるようになる、と『箴言』は語ります。言葉が出ないときも大事なのです。

# 惜しまず与えても富の増す人があり
# 物惜しみをしても乏しくなる者もある。

（箴言11章24節）

社会が貧しかった時代には、自分のものをたくさん持っていることが豊かさの象徴でした。物持ちは、金持ちだったのです。わたしたちが生きる現代の日本は、かつてに比べれば社会自体は豊かで、必要なものはもちろん、欲しいものでも多くの場合、手に入れることができる人が多いのではないでしょうか？　若い人ほど、ものよりもお金を欲しがるかもしれません。やりたいことがあれば、お金である程度それを実現することができますね。

では、どうすれば自分のお金を増やすことができるか、という話です。基本は、働いて得た報酬は大事に使う。無駄遣いしないで節約し、必要なこと以外には使わない、ということでしょうか？　でも、それだけではつまらない生活になってしまいますね。少しは自分の楽しみのために使うべきだと思います。もしかすると、お金を節約するのも貯めるのも、楽しみのためということもあるかもしれないですね。でも、お金を自分以外の誰かのために、何かのために使う、という選択肢はあるでしょうか？　お金を増やすのに一生懸命だったら、そんなことを考えるのはあり得ないでしょうか？

困っている人、世の中で必要とされている働きのために、惜しむことなく自分の持っている金品を提供する人たちがいます。彼らは決して自分のお金を増やそうなんて考えていません。ところが彼らの財産は増えるのです。一方で、他人のためになど決して出さない、という人がかえって富を減らす結果を招く。不思議ですが、こういうことが世の中では起こります。しかも、今に始まったことではなく、『箴言』の時代から今に至るまで。

**無知な者の怒りはその日のうちにあらわになる。**
**賢い人は屈辱を受けても覆い隠す。**

（箴言12章16節）

自分では相手を怒らすようなつもりなどまったくなかったのに、ふとした一言が相手を烈火のごとく怒らせてしまったことがありませんか？　そういう経験はできることならしたくないものですが、いろいろな人と接する中でときに起こるものです。想定していなかっただけ、かなり恐ろしい状況になってしまいます。自分が話したことの何が原因だったのか？　怒らせてしまった相手とは、これからどう付き合っていけばいいのか？　考えなければならないことがいっぱいになって、心は乱れてしまいますね。

一方で、自分が言ったことが相手にはとても失礼だったのに、そのことにまったく気づけないこともあります。後から他の人に指摘されて、しまったと慌《あわ》ててしまうことになります。わからなかったのはなぜかといえば、相手が落ち着いていて、平常心を失わない対応をしていたからに他なりません。これまた、自分の鈍さにがっかりすることになります。

どちらの場合も自分の落ち度には違いありません。けれども、それで落ち込むだけでなく、相手がどのような人なのかがわかるチャンスと受け取ることもできると思います。すぐに怒りをあらわにしてしまいがちな人は、ゆとりがありません。それを『箴言』は「無知な者」といいます。広い目で物事を見て考えることができるなら、ただひとつの点を突かれて反発してしまうことにはならないでしょう。よく考える人は、すぐに反応しないで自分の本心も見せず、後でじっくり対応を考える「賢い人」です。

相手の言動から人を見る目が養われることもあるのです。

# 人は傲慢《ごうまん》に振る舞うと争いを起こす勧告を聞く者には知恵がある。

（箴言13章10節）

人間の歴史を振り返ると、そこには数えきれないほどの戦争の記録があります。そして、今も世界では戦争があり、たくさんの人が傷つき、苦しんでいます。誰も戦争などしたくはないはずだと思うのに、どうして戦争が起こるのでしょう。そして、どうして止められないのか、歯がゆく思うばかりです。

ただ、戦争を起こす国を見ていると、そのリーダーには傲慢さがあるのではないかと感じませんか？　自分が考えていることには間違いがない。正しい自分の主張が認められるのは当然だ。それが通らないのは相手が悪い。だから、自分は相手を

郵 便 は が き

料金受取人払郵便

新宿北局承認

9089

差出有効期間
2024年8月31日まで
(切手不要)

169-8790

162

東京都新宿区西早稲田2丁目
3の18の41

日本キリスト教団出版局
愛読者係行

**注文書**

裏面に住所・氏名・電話番号をご記入の上、
日本キリスト教団出版局の書籍のご注文にお使いください。
お近くのキリスト教専門書店からお送りいたします。

| ご注文の書名 | ご注文冊数 |
|---|---|
| | 冊 |
| | 冊 |
| | 冊 |
| | 冊 |
| | 冊 |

ご購読ありがとうございました。今後ますますご要望にお応えする書籍を出版したいと存じますので、アンケートにご協力くださいますようお願いいたします。抽選により、クリスマスに本のプレゼントをいたします。

**ご購入の本の題名**

ご購入の動機　1　書店で見て　2　人にすすめられて　3　図書目録を見て　4　書評（　　　　）を見て　5　広告（　　　　）を見て

本書についてのご意見、ご感想、その他をお聞かせください。

ご住所　〒

お電話　（　　　）

フリガナ　　　　（年齢）

お名前

（ご職業、所属団体、学校、教会など）

電子メールでの新刊案内を希望する方は、メールアドレスをご記入ください。

| 図書目録のご希望 | 定期刊行物の見本ご希望 |
|---|---|
| 有　・　無 | 信徒の友・こころの友・他（　　　　） |

このカードの情報は当社およびNCC加盟プロテスタント系出版社のご案内以外には使用いたしません。なお、ご案内がご不要のお客様は下記に◯印をお願いいたします。

・日本キリスト教団出版局からの案内不要

・他のプロテスタント系出版社の案内不要

お買い上げ書店名

市・区・町　　　　書店

いただいたご感想は、お名前・ご住所を除いて一部紹介させていただく場合がございます。

懲《こ》らしめてもよいのだ、ということになってしまうのです。

国のトップがそんな姿勢でいると、それに追従してしまう部下も多くなるでしょう。なぜなら、傲慢なリーダーに逆らうと、自分がどこかに飛ばされてしまうからです。黙って従うしかありません。傲慢であるということは、自分の正しさに賛同しない者は認めないということになるのですから。

でも、そういう国の中にも戦争は避けたいと考える人たちも当然いるのです。結局、問題は傲慢なリーダーが自分に意見する者を排除するということなのです。傲慢なリーダーに勧告できる人はいません。

だから、勧告を聞けるリーダーは知恵がある人です。知恵がある人は、自分の考えだけが正しいと思い上がりません。世の中にはさまざまな考え方があることを知っており、自分以外の人の考えを冷静に聞くことができます。そして、多様な意見の中で何が適切かを考えようとすることができます。リーダーに勧告する人がいる国は、幸せだと思うのです。

**心の堕落した者は自らの歩みに満足する。
善良な人は自分自身に満足する。**

（箴言14章14節）

『箴言』にある格言は、良いものと悪いものの対比が短い言葉でピリッと表現されているものが多いと感じます。そして、その対比はほとんどの場合、有無を言わせないほどはっきりしています。でも、この格言には一瞬「あれ？」と、戸惑いを感じませんか？　何が問題なのかが、わかりにくいからです。

「心の堕落した者」と「善良な人」が対になっていることはわかりますよね。そして、どちらも「満足する」のです。問題はそれぞれが、何に満足するのかですが、「自らの歩みに満足する」ことがいけないとは思えないのです。「自分自身に満足する」のと、一体何が違うのかがよくわからないと思いませんか？

「自らの歩みに満足する」とは、自分がやってきたことに満足するのだと言い換えられるでしょう。自分が残した成績や業績を誇りに思う、ともいえるでしょう。それは、「こんなふうにやりたい」と思ったことが実現できた人です。結果が残せた人は、周囲からも世間からも評価を受けるでしょう。ところが、この人は「心が堕落した者」だというのです。それは時に高慢になってしまうからでしょう。

ここまで考えてくると、気づきませんか？　それは、いくら良い志を持っていても、それを結果として残せない人たちもいるということです。もしかすると、世の中にはそういう人たちの方が圧倒的に多いかもしれませんね。そういう人は「自らの歩みに満足する」ことはできません。けれども、この人が「自分自身に満足することができるなら、それは「善良な人」なのだというのです。目に見える結果に自分の価値を置くのでなく、自分の存在そのものを喜べる人を、『箴言』は「善良な人」と呼ぶのです。

**主を畏《おそ》れる者のささやかな持ち物は**
**心配しながら持つ多くの宝にまさる。**
**野菜を食べて愛し合うのは**
**肥えた牛を食べて憎み合うことにまさる。**

（箴言15章16～17節）

「幸せ」とは、何でしょう。それは案外、地味なものです。

「主を畏れる者」とは、「天地の造り主、全能の父なる神」を信頼している人です。自分個人の欲望よりも、神に心を向けて生きることに心を砕く人ですね。その人は、多くを持ちません。持っているのはささやかで、わずかなものにすぎません。

一方で、多くの宝を持つ人がいます。文字どおりの金銀財宝であったり、人がうらやむような最新式のさまざまな機器であったり、そういうものを自分ひとりのものにしている人です。でも、その人の心は平穏ではありません。自分が持っている宝をいつ奪われるか、いつ失うことになるかと、心配が絶えないからです。

「野菜を食べる」人というのは、菜食主義者のことではありません。「野菜しか食べられない人」のことです。つまり、貧しくて高価な肉など手に入らない人です。日毎の糧は、貧相で乏しいものです。でも、失うことを心配する必要がないので、平和です。

一方で、ただでさえ肉が食べられるというのは大変なぜいたくであった古代に、「肥えた牛」という最上級の食事ができる人たちがいます。ところが彼らが憎み合っているのなら、その人生は殺伐《さつばつ》としたものです。ごちそうが食べられなくても、穏やかな心で愛し合って生きられる人の方がずっと幸せだと思いませんか？

物質的に恵まれていたり、ぜいたくできたりする生活よりも、ささやかでも心穏やかに、愛し合って生きられる方がずっと幸せだ、と『箴言』は考えるのです。なるほど、と納得ですね。

**過ちは慈《いつく》しみとまことによって覆われる。**
**主を畏《おそ》れるなら悪を離れることができる。**

（箴言16章6節）

小学校4年生のクラスに転入生がやってきました。その子が先生に連れられて教室に入ってきた途端、みんな気がついたことがありました。その子は片足を引きずるように歩いていたのです。いつも思ったことをすぐに口にしてしまいがちな1人の男の子が「変な歩き方するなあ」と言ったのが、みんなの耳に入りました。そして、先生はそれをそのままにしておかなかったのです。

「足の病気があって、歩くのも走るのもちょっと大変なのがわかるでしょう。でもそれは『変』ではありませんよ」。言ってしまった男の子は、恥ずかしくなりましたが、すぐに謝る言葉が出てきませんでした。でも、自分の言葉を取り消したい気持ちになっていることは、表情を見ればわかりました。「クラスの新しいメンバーです。お互いを大事にしていこうね」と先生は言いました。

誰でも過ちを犯します。でもそのときに、間違えたことを責められて批判されるだけだったら、自分の過ちに素直に向き合うことが難しくなってしまいます。人間はおかしなもので、批判されて追い詰められてしまうと、逆に反発してしまうことがあります。だから、本当はどうすべきだったのか、愛をもって語られたら、過ちを素直に認め、自分を省《かえり》みることができるようになるのではないでしょうか?

わたしたちを愛し、導いてくださる神は、わたしたちのすべてをご存じです。それを覚えていられるならば、心を神に向けて歩むことができます。神に喜ばれる生き方とはどんな生き方なのか、考えながら歩めたら、それは悪から離れた生き方になるでしょう。

# いさかいの始めは漏《も》れだした水。争いが起こる前に止めるがよい。

（箴言17章14節）

教会で雨漏りが見つかりました。初めはちょっとした雨漏りでしたが、どこから雨が入ってくるのか、屋根を調べました。でも、原因となるような雨が入り込む隙《すき》間《ま》などは見つからず、そのまましばらく雨漏りのことは忘れられていました。

ところが台風などの大雨で、雨漏りがだんだんひどくなってきました。しかも、雨のたびに雨漏りが起こる場所が微妙に違うのです。そのうち、一度にあっちでもこっちでも雨漏りするようになって、専門の業者に屋根裏に入って調べてもらいました。その結果わかったのは、屋根の塗装をしてこなかったために、錆《さび》ができて雨が漏れ、それが屋根裏の骨組みを伝ってあちこちで漏れ落ちていたということでした。つまり、雨漏りの原因は、教会が会堂の手入れを怠り、定期的に屋根の塗装をしてこなかったためだったのです。

困ったことが起こるときには、その始まりに小さな予兆があるものです。でも、それはごく些細《ささい》なことなので、つい、放置してしまいます。楽をしたい気持ちがあるので、自分にとってわかりやすいことに原因を求めようとしてしまいがちではないかなと思います。でも、そんなことをしていては、後でもっと大変なことに向き合わなければならなくなるんだなと思うのです。

そうやって問題になってしまったことをめぐって、その対応への意見が分かれてしまい、争いになることもあるかもしれません。そうしたことにエネルギーを使うと、嫌な気持ちになるばかりですよね。初めに漏れだした水の原因をきちんと突き止めておくことは、とても大事です。

# くじはいさかいを鎮《しず》め
# 手ごわい者どうしを引き分けさせる。

（箴言18章18節）

バザーで子どもたちが楽しめるようなコーナーを作ろうとするとき、真っ先に思い浮かぶのが「くじ」です。バザー用品のお店に行けば、くじと一緒に、袋に入った景品がセットで売られています。くじでは、何が当たるかわからないところがおもしろくてスリルがあり、人気のコーナーです。

このように遊びでやるくじは楽しいものです。でも、くじの価値はそれだけではありません。初めて会う人たちが集まったとき、席順をくじで決めるというようなことは、あなたもどこかでやりませんでしたか？　お互いがどういう人かわからない状況で何かを決めなくてはならないとき、くじはとても便利です。誰にとっても公平で、あれこれ考える必要がないからです。偶然に任せるのですから、後で文句が出てきても誰の責任にもなりません。

大人同士の真剣な問題解決の場面でも、くじは大きな力を発揮します。話し合いが難しくなるときというのは、複雑な利害関係が絡んでくる場合です。たとえば、昔は農業をしている地域で、水利はいさかいになりがちな大問題でした。用水路で引いてきた水を誰の畑から順に使えるようにするかを決めるのは、ある意味、死活問題だったからです。話し合いでの解決には限界があります。そこで最後はくじを引いて決めよう、ということになるのです。

人間が持っている知恵で判断することをやめて、運を天に任せる、ということですね。みんなが「くじで決める」ことに同意できれば、言い争いはそこまでとなります。神の前には、みんなが平等だということを共有できれば、くじでの解決に結果を委ねることができるのです。

人の心にはたくさんの企て。
主の計らいだけが実現する。

（箴言19章21節）

ある教会はとても狭い土地に建っていました。隣の土地が買えるならぜひ欲しい、と教会の人たちはみんな長い間願っていました。そして、ついにその願いが叶《かな》うときがやってきました。新しく買ったその土地は教会に隣接しているだけでなく、会堂が建っている土地よりも広いのです。しかもそこにはお屋敷があり、広い庭には立派な木が生え、花壇もありました。

もともとは、教会に車で来る人たちのための駐車場を広げることが土地を買う目的でした。ところが、庭の部分だけ駐車場にして家は残して教会の別棟として使えないかと言い出す人が出てきました。人に貸せば、家賃収入だって期待できます。庭が素敵なのでぜひ残しておきたいという人もいます。でも、駐車場としては狭くなってしまいます。土地の使い方についていろいろな夢が出てきて、みんなの意見がまとまらないかもしれないという事態になってしまいました。

最終的に業者に見てもらったところ、家は古すぎて解体するしかなく、それに伴い木も切り倒すことになりました。土地は、花壇の一部だけ残して後はすっかり更地にして駐車場になったのです。手に入れた場所を見たときに、それぞれが考えたいろいろな夢の多くは実現しませんでした。でも広い駐車場ができたことで、これまで来られなかった人たちが、車で安心して来ることができるようになりました。自分たちのためだけでなく、教会をいろいろな集会のために使ってもらえるようにもなりました。それは教会にとって、いちばん大事なことだったのです。

人はたくさんの思いを抱き、振り回されることがあります。でもそんなときには、神さまが望まれていることは何かを考えたいものです。

# 偽《いつわ》って取ったパンはうまいが後には口が砂利《じゃり》で満たされる。

（箴言20章17節）

地方の辺鄙《へんぴ》な町の郊外に、山を持っている人がいました。先祖から受け継いだ小さな山でしたが、長く放置されたままでした。ところがあるとき、そのあたりに高速道路をつくる計画が発表されると、突然、山についての問い合わせがあちこちから来るようになりました。高速道路の建設のために、山を高く売れると考えた人たちが、山の土地を買いたがったのです。あまりにも引き合いが多かったので、山の持ち主は、山の土地を小さく分割していろいろな人に売ることにしました。

ある人がこの話を聞いて、自分もこの土地を買うことに決めました。高速道路の用地として高く売れれば儲《もう》けものだからです。ところが、友人たちの中にも何人かこの土地を買おうという人がいることがわかって、焦りが生まれました。購入希望の申込日を他の人たちに偽って教えたり、自分の親戚には別荘を建てる土地を買うと言ってお金を借りたりして、やっと念願の土地を買うことができました。そして、その土地がどれだけ高く売れるか楽しみに待ちました。

ところが、実際に高速道路の計画が発表されると、そのルートはこの山から外れていることがわかったのです！　辺鄙なところなので、わざわざ行くこともないし、買った土地は切り売りされた山の一部なので、使いようがありません。それなのに、親戚に借りたお金は返さなければならない。人をだましてまで必死になって買った土地なのに、想定していなかった借金と、役に立たない土地だけが残りました。

今でも世の中では同じようなことがあちこちで起きているような気がします。価値のあるものを手に入れるなら、その目的も手段も吟味することが大事だと思うのです。

## ひそかな貢《みつ》ぎ物は怒りを鎮《しず》め
## 贈り物を懐《ふところ》に入れてやれば憤《いきどお》りも鎮まる。

（箴言21章14節）

「ひそかな貢ぎ物」「懐に入れてやる」などというのは、賄賂《わいろ》のように思えます。こんなことをするのは公正ではないですよね。でも、この次の15節に記されているのは「公正を行うことは、正しき者には喜び／悪事を働く者には滅び」です。さて、どういうことでしょうか？

自分に物事が有利に運ぶように力を持っている人にこっそり便宜を図ったり、贈り物をしたりするのが賄賂です。でも、ここをよく読むと、貢ぎ物を渡す相手は怒っている人ですね。そっと贈り物をする相手は憤っている人です。そうなると、ここに出てくる貢ぎ物や贈り物の意味は、実は賄賂とはかなり違うようです。

「ひそかな貢ぎ物」などというと、それ自体が何かあやしそうです。しかも、怒っているときに貢ぎ物をされたら、どうでしょう。あからさまにされると、「こんなときに何を考えているんだ！」と火に油を注ぐことになるでしょう。だから「ひそかに」ということが大事です。そっと渡せば、怒りがちょっと落ち着いて、客観的に事態を見られるようになるかもしれません。

憤っている人にも、手渡すのではなく「懐に入れる」というところがポイントです。自分が受け取ったわけではないのに気づいたら手にしていた、というようにもっていくのです。贈り物を見つけたときに意外に思い、気持ちが切り替えられるかもしれません。

これは決して「賄賂の勧め」ではなくて、怒っている人の怒りをどうやったら鎮められるか、あるいは、誰かを怒らせてしまったときにどうやって関係を修復させるかというさりげない配慮ではないかと思うのです。それは知恵でもあるでしょう。

## 富める者と貧しい人が行き会う
## どちらも造ったのは主。

（箴言22章2節）

　聖書の信仰の基本は、神が世界の創造主である、というところにあります。世界のすべてを造られたのが、神。すべての命、すべての人生、そして世界そのもの。よいことも、そうでないことも、すべてです。もちろんあなたも、そしてこのわたしも神によって造られました。

　都会の雑踏を行き交うたくさんの人々の姿を眺めていると、不思議な思いにとらわれます。何ていろいろな人がいるのだろう。年代も、性別も、人種も、顔つきや体つきも、歩き方も、表情も、着ている服、持っているものもみんな違います。1

人でゆっくり歩く人、人と忙しく話しながらさっそうと闊歩《かっぽ》していく人。まっすぐ前を向いてひたすら歩く人、大勢で会話しながら楽しそうに歩く若者たち。中でも、とても貧しそうな人、逆にいかにも裕福そうな人の対比には考えさせられてしまうでしょう。こんなに見るからに格差がある社会は、一体どうなっているのかと。

『箴言』が書かれた昔の時代にも、同じように大勢の人が行き交う雑踏を眺めながら、こんなふうに感慨にふけった人がいたのです。富める者と貧しい人が行き交うさまに、あまりにもさまざまな人生があることを思います。そして、そのどちらも神によって造られたということを、どう受け取ればいいのかと考えたでしょう。

今富んでいる人が一生お金持ちのままかどうかはわかりません。貧しい人も生涯そのままとは限りません。また、お金持ちが幸せなわけでもないし、貧しい人が必ず不幸というわけでもないでしょう。すべてを造られたのは主なる神。そして、すべての人生を導いておられるのも神だと信じて、わたしたちは生きていくのです。

富を得るために労するな。
分別をもって思いとどまれ。
目を富に向けても、そこに富はない。
自ら鷲《わし》のような翼を生やし、天に飛んで行く。

（箴言23章4～5節）

お金は必要です。経済力は大事です。何かしようと思えば必ず元手が必要になってきますよね。そんな心配をしないで、何でも自由にできると想像するのは楽しいことです。そして、そんな妄想をたくさん広げられる人は、素敵な人だとわたしは思います！

けれども、実際どうなるかはやはり資金力です。使えるお金がいくらあるかということで、いろいろなことが制約されてしまいます。そのため、お金を得るのに必死になるあまり、いつの間にかお金をいかに多く稼ぐかということが人生の最大目標になってしまう人がいます。それでいいでしょうか？

『箴言』はおもしろいことに、そもそもお金を稼ぐことに苦労するなとアドバイスします。そんな努力をするのはおやめなさい。お金儲《もう》けを思いとどまるのが分別があるということ、本当に物事をよく考えていることだ、というのです。

なぜなら、お金があると思うところにお金はない。これをすれば儲かると考えても、そこに儲けはない、ということですね。お金は鷲のような翼を生やして、自分で天に飛んでいってしまうから、というのです。富は、どうも自分勝手にどこへでも行ってしまうものらしいのです。だから、富を得ようと躍起になるのは、ただ憧れを追い求めるような、あやふやでむなしい生き方になってしまうのかもしれませんね。

要するに、お金儲けを第一とすべきでないということだと思います。大事なのは、自分がやりたいことをしっかり持つこと、どんなふうにしたいのかをきちんと考えること。すると、そこに翼を生やした富が飛び込んでくるかもしれません！

悪をなす者に怒りを燃やすな。
悪しき者のことを妬《ねた》むな。
悪に未来はない。
悪しき者の灯《ともしび》は消える。

（箴言24章19～20節）

明らかに悪いことをしている人を見ると、誰だって腹が立ちます。そればかりか、悪事を働いている人が安穏と幸せそうに暮らしているのがわかると、怒りは燃え上がってしまいますよね。そんな大きな悪事でなくても、日常生活の些細《ささい》なことでも、わたしたちの怒りに火をつけ、イライラした気持ちにさせてしまうことがあります。寒いときに部屋のドアを開けっぱなしにしていってしまう人。何度注意しても聞いてくれないし、気をつけようともしない。腹が立ちます。人が食事の準備で大忙しなのに、横でまったくお構いなしにのんびり漫画など読んでいる人。なんで手伝おうともしないで平気なのだろうと、イライラしてしまいます。

怒りは自然に湧いてきます。でも実は、怒りはとんでもない心のエネルギーを使うものです。腹が立っているときのわたしたちは、荒々しい足音を立てて動くし、声にも力がこもって攻撃的になります。怒っているだけで、わたしたちは疲れてしまうのです。だから、心が怒りに占拠されているときは、他のことをあれこれ考えるゆとりもなくなってしまうと思いませんか？　妬みにも似たようなところがあると思います。人のことが妬ましくなると、何もかもばからしくなってくるのです。

でも、いくら怒りを持っても、いくら妬んでも、現実は何も変わりませんよね。膨大な心のエネルギーを使っても、それは何も生み出さずに無駄になるだけなのです。大事な心の力は、もっと自分のためになること、意味のあることに使いましょう。自分のしたいことに集中しているうちに、腹の立つ人たちのことは見えなくなるでしょう。

あなたを憎む者が飢えているならパンを食べさせ
渇いているなら水を飲ませよ。
こうしてあなたは彼の頭に炭火を積み
主はあなたに報いてくださる。

（箴言25章21〜22節）

ここで問題になっているのは、「わたしが憎んでいる人」ではなくて、「わたしを憎んでいる人」です。誰かを憎く思う気持ちは、わかりやすいでしょう。きっと、想像できますね。でも、人から憎まれているというのはどうでしょう？

どうして憎まれるようなことになってしまったのか、理由がわかるときもあるでしょうけれど、わからないときもあるんじゃないかという気がします。だから、自分を憎む人がいて、憎まれる理由がわからなければ、気持ちはザワザワするでしょう。話なんか聞いてくれないでしょうから、まともに向き合うのは難しそうです。

ところが、関わるチャンスがあるのです。

それは、相手が困っているときです。飢えて困っているなら、パンを与えられて拒むことはできません。喉《のど》が渇いているなら、差し出された水を素直に飲んでくれるかもしれません。それを、会話するきっかけにしようというのではありません。ただ、困っているなら助けるだけ。それは「彼の頭に炭火を積む」ことになるといいます。

「頭に炭火を積む」という言い方が何を表すのか、実はよくわからないそうです。悔い改めの儀式を表すという解釈もあります。敵対する相手に何らかの反省の機会を与えることになる、という意味もあるかもしれません。また、「炭火を頭に積む」なんていうことになったら、熱くて我慢できなくなります。つまり、関わりたくない相手でも、親切にされたら無視できなくなるということかもしれませんね。

この言葉は、パウロ（初代キリスト教会のリーダー）が『ローマの信徒への手紙』の「キリスト者の生活指針」のところで引用しています（12章20節）。

**穴を掘る者は、自分がそこに落ち**
**石を転がす者は、その石が自分に返って来る。**

（箴言26章27節）

最初に『箴言』をパラパラと読んだとき、ギャグのような言葉があっておもしろいなと思いました。その1つがこの言葉です。「穴を掘る者」というのは、落とし穴を掘る人のことです。誰かを落として困らせてやろうと思ってせっせと穴を掘って、挙句に自分が落ちてしまう。次の「石を転がす者」というのは、誰かを引っかけてやろうとして道に石を転がすのでしょうか？　でも、転がした石は自分に返ってきて、自分が転んでしまうのです。何だか滑稽《こっけい》な話に思えました。

でもこれはユーモラスなことをいってるのではなく、他人に危害を加えようとする者は自分が害を受けることになるという厳しい戒めです。落とし穴は原始時代の人々が動物を狩るために掘ったことがわかっているほど、大昔から使われていた罠《わな》です。決して簡単な罠ではないですよね。だから、「穴を掘る者」というのは、誰かに対する相当な怒りや敵意を持ってしまった人ではないでしょうか？

最近、「アンガーマネジメント」という言葉を見かけるようになりました。怒りの感情とうまく付き合うための心理教育・心理トレーニングを指すそうです。こうしたことが重要視されるのは、怒りのエネルギーはとても大きいので自分でコントロールできないと大変なことになるからでしょう。怒りを持つこと自体は決して悪いことではないのですが、その勢いに乗ってしまうととんでもないことになります。

この言葉は「自業自得」というようなことをユーモラスにいっているのではなく、他者に対して強い悪意や怒りを持つことを戒めているのではないでしょうか。

**自分の口で褒《ほ》めるのではなく、他人に褒めてもらえ。**
**自分の唇で褒めるのではなく**
**異国人に褒めてもらえ。**

（箴言27章2節）

自分で自分を褒める。それは「自慢」です。若かったころ、年配の人の自慢話をたくさん聞かされる経験をしたことがあります。自慢話も調子に乗ってくると、ますますエスカレートして、いつまでも終わりません。きっと、あなたの周りにもそういう人がいるでしょう。正直、聞かされる方はうんざりなんですけど。

自慢話をしない人もいます。そういう人はとても地味なので、周囲はその人の魅力に気づきにくいのです。でもふとしたときに「あの人はね、実はすごい人なんだよ」と、別の人から思いがけない褒め言葉を聞くことがあります。そこに気づいていなかったのが意外で、注視していると、本当に素敵な人だというのが見えてくる。こういう人はかっこいいですね。そして、他人から評価される魅力は、本物だと思います。

お店なら、常連のお客さんの評判がいい。教師なら、生徒から人気がある。それは普通です。でも、遠いところからもわざわざ来るお客さんがたくさんいると聞いたら、思わず行ってみたくなりませんか？　他の教師から「あの先生に教わる生徒は幸せだねえ」なんて言ってもらえる教師は、人間としてもきっとすばらしい人なんだろうなあ、と思います。

『箴言』は、「他人に褒めてもらえ」というだけでなく、「異国人に褒めてもらえ」ともいいます。ここで「異国人」は、「外国から来た人」というよりは、身近でない「よそから来た人」を意味しているようです。見知らぬ人、初めて会うような人は、何の利害関係もなく相手を見ます。そこで評価される人は、本物なのかもしれません。

**貧しい人に与える人は欠乏することはない。貧しい人に目を覆う者は多くの呪いを受ける。**

（箴言28章27節）

わたしの祖母は11人きょうだいの長女でした。明治生まれの祖母の世代は、子どもの多い家庭が多かったので、11人きょうだいといっても珍しいことではありませんでした。祖母が結婚した相手、つまりわたしの祖父もまた、9人きょうだいの三男だったのです。2人が結婚して、親族は一気に増えました。

もともと祖母は、親代わりに下のきょうだいたちの面倒をずっと見ていたこともあって、何かというとみんなはこの一番上の姉を頼りにしていました。それは、祖母が結婚しても変わらず、誰かが失業したといっては相談を受け、病気をしてお金がないと聞けばお金を貸します。近くの学校に入学した甥《おい》や姪《めい》がいれば家で引き受けて面倒を見る、という具合で祖母の家にはいつも誰か親戚の居候《いそうろう》がいたそうです。そこへ、祖父の方の家族も同じように頼ってきたそうです。突然の転勤で大変だからと子どもを預かり、近くに来たからと顔を出した者には食事をさせ、食卓はしょっちゅう大勢でにぎわっていました。祖父母自身、４人の子どもを抱えながら、頼ってくる親類の頼みを断ることはなかったのです。裕福な家庭だったわけではないので、その裏には祖母の大変な苦労があったと聞いています。

わたしはこんな祖父母の話を、祖母の身近で娘として見ていた叔母から、よく聞かされました。話は時に愚痴《ぐち》になるのです。でも、何だかこの話をするときの叔母は楽しそうだったなあと思い出します。生活は貧しかったけれど、それで困ることは不思議となかったのです。

もし、祖父母がこういう生き方をしていなかったとしたら、そこには『箴言』が語るような悲惨な事態が待ち構えていたかもしれません。

**人間の高ぶりはその者を低くし
心の低い人は誉《ほま》れを受ける。**

（箴言29章23節）

若いときはまだ世の習いがあまりわからず、大人の力を借りなければならないことがいろいろあります。これからの自分の身の振り方や就職について考えるような重要なときに、大事な相談をしなければならないこともあるでしょう。

そんな折に出会う大人は、たいてい社会である程度の実績が認められ、重要な地位にあるような人たちです。聞く側は経験も知識も不足していますから、まずはその人を頼らなければなりません。少しでもこれからの自分に必要な助けやアドバイスをもらわなければならないので、緊張します。伝えたいことを丁寧に言えるよう努力するし、その大人の話もアドバイスとして一生懸命聞く姿勢で臨みます。

わたしもそのように大人を頼ったことがありますが、あるときから、大人には2種類のタイプがあると感じるようになりました。ひとつは、こちらの話は機嫌よく聞いてくれるけれど、それ以上こちらに関心を持ってくれない大人です。そういう人はよくしゃべるのです。何を話すかというと、自慢話です。こちらがまじめに聞こうとすればするほど、ご機嫌でたくさん話してくれるのですが、話のオチは結局、自画自賛です。話が長くなるにつけ、聞くのは苦痛になってしまいます。

かと思うと、静かにこちらの話を聞いてくれる大人がいます。こういう人にはあまり勢いやオーラが感じられないのですが、若くてまだ何者になるのかもわからないこちらに関心を持ってくれるのがわかります。そして、じっくり聞いてくれた後には、いろいろ質問してくれるのです。答えていくうちに自分の考えがまとまってきたり、先のことが見えてきたりすることがあります。

本当に頼りになるのは、きちんとこちらに向き合ってくれる人なのです。

**乳を絞ると凝乳《ぎょうにゅう》が出て来る。**
**鼻を絞ると血が出て来る。**
**怒りを絞ると争いが出て来る。**

（箴言30章33節）

『箴言』には、たとえが辛辣《しんらつ》だったり、強烈な印象を与える言葉がいくつもあります。この言葉も、そのひとつです。

「乳を絞ると凝乳が出て来る」、これはおもしろい事実です。乳は液体です。でも、絞ると凝乳という固形物に変わってしまう。凝乳はチーズの原料になるもので、豆腐のようなものです。実際には単純に絞るだけではなくて、酸や酵素を加える必要があります。でも、液体に「絞る」という力を加えると、固形物になるという変化は印象的です。

同じ「絞る」という言葉から、次は「鼻を絞る」という奇抜なたとえに飛びます。これはあまりうれしくない話ですが、人間の体の中にも、絞ると血が出てくる鼻があるというわけです。「絞る」という、無理な力を加えると、痛々しい出血になってしまう。このたとえはきれいではないし、ぎょっとしますよね。そして、ちょっとめんくらったところへ、３つ目の「絞る」話が出てきます。

「怒りを絞る」ってどういうことでしょう？　「鼻血」の話を考えると、怒っている人たちに、さらに何か無理な力を加えるということになりそうですね。そして、怒りがさらに極まると、争いが起こってしまうということかなと思います。怒っているだけならまだマシだということかもしれません。怒りを抑えきれなければ、怒りが発火点となって争いに発展してしまうという警告です。

怒りのエネルギーは大きなものがあります。だから、争いになる前に怒りをどのように鎮《しず》められるかということを知っておきたいと思います。

あなたの口を、ものを言えない人のために
捨てられた人の訴えのために開きなさい。
あなたの口を開いて
苦しむ人と貧しい人の訴えを正しく裁きなさい。

（箴言31章8～9節）

日本で暮らす外国の人が増えていますね。働くために来た人、学ぶために来た人、迫害を逃れるために祖国を出て来た人……。さまざまな事情で、いろいろな国から来た人たちがこの国で暮らしています。日本に住所があり、一定額以上の給料をもらっていれば税金を納める義務が課せられます。一方で、入国した際の事情が変わると在留資格に問題が生じ、健康保険制度から外れ、十分な医療を受けられなくなってしまったり、不法入国者になってしまったりします。難民申請をしても認定されず、苦境に陥る人も少なくありません。

日本で暮らすうえで直面する困難は言葉の不自由さだけでなく、日本の社会制度の仕組みや生活習慣がよくわからず、孤立してしまうことにもあります。こうした在日外国人の支援に取り組む人たちもいます。彼らが苦しむのは、他ならぬ日本という国に住む私たちの問題です。共に住む地域にあって、もの言える日本人が口を開き、関わらなければ問題は解決しないと考え、動き出した人たちです。

今、苦しんでいる人、貧しい人にきちんと向き合い、その訴えに正しく応えられるようにしなさい。口を開いてものが言えるだけの力があるなら、その力は世の中で顧みられず、存在が軽んじられている、小さくされた人のために用いなさい。これが『箴言』の最後31章にあるこの言葉のメッセージでしょう。

世の中で自分は恵まれている立場にあると思うなら、しなければならないこと、その力を使うべきことがあるのです。それに気づき、自分から動く生き方を目指したいと思います。自分のためだけに生きる人生はつまらないと思いませんか？　人のために動く。そんな生き方を神は祝福してくださいます。

# おわりに

31の格言を読んでみて、この教えを伝えた人々についての皆さんのイメージはどうでしたでしょうか？『箴言』には、「格言」というイメージには収まりきらないような人間臭さがあるなあ、と思いながら取り上げる言葉を選んでみました。そんな人間らしいおもしろさをちょっとでも感じてもらえたらうれしいです。

『箴言』にあるような、若い人たちにこれからの人生をどう生きるべきかを教える言葉を語る人は、人生経験が豊富なだけでなく、多くの人から頼りにされ、信用されるような人物だったのではないかなと想像します。また、ユダヤの社会の中で与えられた責任をしっかり果たすことのできる人、定められた約束や決まりをきちんと守れる人だったでしょう。こう考えていくと、そういう人が語る言葉はお堅くてあまりおもしろくなさそうに思えてしまいます。

ところが、『箴言』に収められている格言は、決してそんな堅苦しいものばかりではありません。たとえば、生きていくうえで大事にしたい人物をどう見分けるか、ということではなかなか参考になる言葉が記されています。外見や立場で人を見るのではなく、周囲の人にどのような姿勢で接しているのかを見分ける大切さを教えてくれます。また、人を見る目はときにちょっと意地悪に、皮肉っぽくなったりもします。「そういう態度は表立って見せるものではないが、誰でも心の中には正直あるものだ」ということをさりげなく教えてくれるのです。

一方で、誰にでも失敗するときはある、という痛みを知っている者として、温かい眼差しを感じさせる言葉もあります。この人も、そうやって慰められてきたのだろうと思わされます。かと思うと、自分が許せないと思う行為に対しては、なかなか容赦のない言葉が出てきたりもするのです。こんなふうに、さまざまな面を持つところが『箴言』の魅力ではないかと思います。それは、時代と地域を隔てた今を生きるわたしたちにも届く言葉になっているのです。

何が良いことで、何が悪いことかはしっかり見分けられる。でも現実に起こることは、そんなに単純に分けられるようなことばかりじゃない。いくら気をつけていても失敗することもあれば、思いどおりにいかないこともある。でも、精いっぱいのことをやれたなら、神はそれをちゃんと見ていてくださる。そうわかっていれば、とりあえず良しとしよう。そんな声が聞こえてきそうではありませんか。

『箴言』をまとめた人々が生き延びるために大事にしてきた知恵は、一生懸命毎日を生きる人間を、神が見守っていてくださるという信頼に支えられているようです。その神の眼差しは、皆さんにも注がれています。次は、皆さんが自分でそのおもしろさを見つけるために聖書を開いてみませんか。

2023年9月

小林よう子

小林よう子　こばやし・ようこ

1955年生まれ。大阪教育大学教育学部卒業後、小学校教師として働く。関西学院大学神学部に編入学し、2000年に卒業、日本基督教団箕面教会牧師となる。2014年より同教団八戸小中野教会牧師、2018年より八戸小中野幼稚園園長。

共著に『イエスと共に歩む生活　はじめの一歩Q＆A 30』（2010年、日本キリスト教団出版局）、『関西学院大学神学部ブックレット　子どもと教会』（2011年、キリスト新聞社）、『信仰生活ガイド　使徒信条』（2020年、『イエスと共に歩む生活　はじめの一歩Q＆A 30』（2010年、日本キリスト教団出版局）、『牧師とは何か』（2013年、同）、『主日礼拝の祈り』（2017年、同）。

これからを生きるあなたへ　聖書の知恵　箴言31日

2023年9月25日　初版発行


著　者　小　林　よ　う　子
発　行　日本キリスト教団出版局
〒169-0051　東京都新宿区西早稲田2の3の18
電話・営業03（3204）0422、編集03（3204）0424
https://bp-uccj.jp

印刷・製本　ディグ

ISBN 978-4-8184-1137-1　C0016　日キ販

Printed in Japan

## 精神障害とキリスト者
### ――そこに働く神の愛

石丸昌彦 監修
四六判　216頁　2200円

魂の救いを求めて教会の門を叩く精神障害や依存症の当事者は多い。精神障害の当事者が抱える課題を、教会はどのように共に担ってきたか。当事者や支援者による証言とクリスチャン精神科医の応答から、傷ついた人と共に歩む道筋が見えてくる。

## LGBTとキリスト教
### ―― 20人のストーリー

平良愛香 監修、平良愛香・塩谷直也・石坂わたる ほか著
四六判　240頁　2000円

LGBT当事者を中心とした20名の体験記。性的少数者の生きづらさと同時に、社会や教会で確実に体現しつつある希望や実例を語りながら、性の多様性と可能性の豊かさを伝える。コラムでは当事者や支援者による、差別や偏見を解消するための取り組みを紹介。

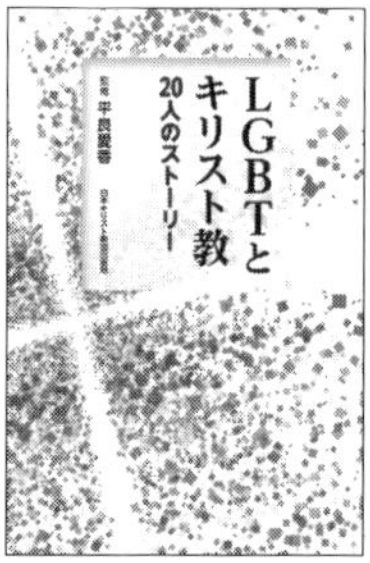

## わたしが「カルト」に？
### ――ゆがんだ支配はすぐそばに

竹迫 之・齋藤 篤 著、川島堅二 監修
四六判　136頁　1500円

カルトを脱した2人の牧師がカルト宗教と健全な宗教の見極め方をわかりやすく指南。カルト問題の現状、カルトの基礎知識、被害防止の対策も網羅。誰もがカルト化する可能性があることを知ることが、カルトへの最大の防御になると訴える。
鈴木エイト氏（ジャーナリスト・作家）推薦！

価格は本体価格です。重版の際に定価が変わることがあります。